AF227360

ÉLECTIONS.

LES

Deux cent vingt-un

ET

LES CENT QUATRE-VINGT UN

MARSEILLE,

IMPRIMERIES DE CARNAUD ET SIMONIN,

RUE DE LA DARCE, N° 13.

1830.

LES

DEUX CENT VINGT-UN

ET

LES CENT QUATRE-VINGT-UN.

ÉLECTEURS ,

Le descendant de soixante-neuf Rois, l'héri-tier de Saint-Louis, le petit-fils de Henri IV et de Louis XIV, le frère du Roi martyr, le successeur du Roi législateur qui a donné des institutions si chères à la France, Charles X enfin qui a juré sur le saint Evangile de les maintenir , et qui a si noblement dit : « Mes intentions *sont immuables* , je veux conserver tous mes droits , et les transmettre *intacts à mes successeurs* , » a dissous une Chambre dont la majorité rebelle, a eu l'insolence de décla-rer qu'elle refusait son concours à son gou-vernement, et qui , en violation des droits que lui donnent ces mêmes institutions , a voulu usurper une omnipotence qu'elle ne peut ni ne doit avoir.

De nouveau vous êtes appelés à choisir vos mandataires. Votre honneur, comme votre in-térêt vous font un devoir rigoureux de les choisir dignes d'une grande nation et d'un grand Roi. Les circonstances sont graves ; plus elles sont graves, plus vous devez mettre de circonspection et de prudence dans votre choix ; pénétrez-vous bien de cette grande vérité, que de ce choix peut-être dépend le bonheur de la France entière et de chacun de vous en particulier. Avant de prononcer, pesez bien, dans votre sagesse, les titres qui militent en faveur des divers candidats qui se présentent, et surtout n'oubliez jamais que ceux qui se montrent les plus ardens à briguer vos suffrages, qui intriguent le plus pour les obtenir, et qui tribuns ambitieux affectent une vaine popularité, en sont toujours les moins dignes.

Déjà plus d'une fois vous avez exercé ce droit que vous tenez de la couronne ; plus il est grand, plus vous lui en devez de reconnaissance ; et pour bien lui prouver cette reconnaissance, vous devez lui envoyer des mandataires fidèles et dévoués, qui, en sujets soumis et respectueux, fassent connaître vos besoins à son gouvernement, et qui, s'il vient à se tromper, cherchent à l'éclairer, et à faire triompher vos justes réclamations par la force de leur raisonnement et la justesse de leurs observations. Vous devez mûrement examiner si ceux que vous avez déjà une ou plusieurs fois honoré de vos suffrages, s'en sont rendus dignes, s'ils ne les ont point brigué pour leur intérêt particulier , s'ils n'ont jamais dévié de leurs devoirs et de leurs principes ; et si vous avez la conviction qu'ils ont justifié votre confiance , la reconnaissance vous fait un devoir de la leur accorder de nouveau.

Si vous pensez, au contraire , que soit par incapacité , soit par ambition , ils n'ont pas su la justifier , vous devez la leur retirer et en choisir de plus dignes ; et si malheureusement pour eux , vous avez acquis la triste certitude que non-seulement ils n'ont pas su défendre vos intérêts , mais qu'encore ils les ont gravement compromis , et que sujets rebelles et factieux , ils ont voulu en imposer au Roi et à la France entière , votre devoir alors, est de leur en témoigner toute votre réprobation ; leur accorder de nouveau vos suffrages , serait vous rendre complices de leur félonie.

Appliquons ces principes à la circonstance présente.

Un ministère royaliste , qui pendant sept ans avait fait beaucoup de bien à la France , fut forcé de se retirer. La révolution , aidée par la défection, parvint à opérer ce triomphe. Des hommes dont les noms étaient chers aux royalistes , qu'ils étaient fiers de compter dans leurs rangs , mus par une criminelle ambition abandonnèrent lâchement la belle cause qu'ils avaient si vaillamment défendue ; un noble pair surtout, qui pendant long-temps avait été un des organes les plus estimés et les plus éloquens du parti royaliste, qui avait acquis tant de titres à notre confiance, qui dans les momens les plus difficiles avait eu l'honneur de défendre et propager les doctrines monarchiques, qui dans la rédaction du *Conservateur* avait, par la vigueur de son style, la force de son éloquence et la justesse de ses raisonnemens, foudroyé les principes révolutionnaires, s'était depuis long-temps séparé de ses anciens amis, et était devenu, sans s'en douter peut-être, l'auxiliaire le plus fougueux de la révolution.

Celle-ci, ne pouvant encore tout faire par elle-même, sut tirer parti d'un si puissant auxiliaire, les invectives dont elle l'avait constamment accablé lui et les siens, se changèrent en louanges, et l'on vit définitivement se former cette alliance monstrueuse, dont les annales de l'histoire n'offrent point d'exemple, et qui compromit si gravement les intérêts de la France.

Le ministère de coalition fut composé ; ses élémens étant hétérogènes, il ne pouvait se soutenir long-temps. La faction n'ignorait pas qu'elle ne pouvait triompher tout d'un coup. Pour mieux profiter de cette condescendance, elle honora du titre de *ministère légal*, ce ministère *dont elle ne voulait réellement pas plus que du ministère précédent,* mais qui par les concessions sans nombre qu'il en espérait, l'aurait bientôt mise à même d'obtenir un triomphe complet.

Elle parvint à donner le nom de *déplorable* à la seule administration qui avait comprimé les factions, arrêté les conspirations, délivré un Bourbon du joug de ses oppresseurs, cimenté notre crédit, et élevé la France au plus haut degré de prospérité. Elle eut l'audace même de simuler une accusation absurde qu'elle n'osa pas soutenir, mais ce n'était pas précisément aux hommes qu'elle en voulait encore, c'était aux principes : poursuivre tous les royalistes dans ces mêmes hommes, les tourner en ridicule, intimider les bons, enhardir les méchans, tel était son but, sûre de triompher des hommes, si elle parvenait à triompher des principes.

Le *ministère légal* seconda parfaitement ses projets, et marcha de concession en concession. Le parti fut tellement enivré de ses premiers triomphes, que croyant obtenir définitivement tout ce qu'il voulait, il eut, heureusement pour nous, l'imprudence de refuser des concessions plus fortes encore. Les lois départementale et communale, grâce à l'habileté du côté droit, au talent de ses orateurs, et aux exigences de la faction, furent retirées. Ce même ministère reconnut alors l'abîme dans lequel on voulait l'entraîner, et un de ses membres le plus éloquent et le plus influent, fut forcé de s'écrier : NOUS MARCHONS A L'ANARCHIE ; paroles mémorables qui retentirent dans toute l'Europe. La faction en fut consternée, et les habiles du parti comprirent que leur plan était déjoué.

Le Roi, qui dans sa sagesse peut-être avait voulu passer par cette nouvelle épreuve pour la juger définitivement, et qui dans l'inépuisable bonté de son cœur ne pouvait croire à tant d'ingratitude, à tant de noirceur, médita dès lors sur les moyens qu'il devait prendre pour sauver la monarchie, nos institutions et la France.

Le ministère du 8 août fut formé. Composé d'hommes fidèles et dévoués, les royalistes reprirent confiance, les factieux furent abattus. Mais revenus de leur première frayeur, ils accablèrent d'invectives et d'injures des hommes qui n'avaient donné aucun gage à la révolution.

Les royalistes se livrèrent aux plus douces espérances : les factieux comprirent que si ce ministère pouvait se soutenir, c'en était fait de leur cause ; la défection sentit que le fruit de sa perfidie, pour le renversement du ministère Villèle, était perdu pour elle ; jusqu'alors indécise et flottante, elle se précipita dans l'abîme.

L'honneur est comme une île escarpée et sans bords ;
On n'y peut plus rentrer, dès qu'on en est dehors.

Elle était trop avancée pour marcher en arrière. Une alliance nouvelle fut cimentée entre elle et la révolution ; mais estimée à sa juste valeur, elle reçut des lois, et se trouva heureuse d'être par elle traînée à la remorque.

Tout fut mis en usage pour renverser le ministère du 8 août, tous les moyens furent bons ; les ambitions les plus opposées se confondirent alors dans un même sentiment, et dans un même but : renverser le ministère fut le mot d'ordre de tous les partis, sauf après, si on était vainqueur, à se disputer sa dépouille.

Les invectives les plus absurdes, les mensonges les plus grossiers pour tromper la nation pullulèrent de toutes parts ; toutes les feuilles à la solde du comité directeur les répétèrent à l'envi ; et la preuve la plus convaincante qu'elles émanaient de la même source, c'est qu'elles étaient répétées et répandues partout au même jour et à la même heure.

Tantôt c'est la contre-révolution qui est imminente, tantôt ce sont les coups d'état.

Un de ses organes, enfant perdu du parti. pour rappeler un fait de triste et douloureuse mémoire, s'écrie malicieusement :

Quand ose-t-on se jouer aussi témérairement de la puissance du peuple ! C'EST LA VEILLE DU 10 AOUT (1).

____

(1) Album du 9 août 1829.

Tantôt on rétablit la censure , tantôt ce sont des destitutions en masse , la destruction de toutes nos libertés ; l'absolutisme seul va régner , les bruits les plus absurdes circulent dans toute la France ; *le plus saint des devoirs , l'insurrection* est proclamée partout, et partout, le peuple qui a donné sa démission reste calme et tranquille. La rage de la faction en augmente ; rage impuissante ! Ce ministère qui ne devait pas subsister un mois , qui d'un jour à l'autre devait tomber, ce ministère qui ne devait pas avoir le courage de se présenter devant les Chambres , brave pourtant leur courroux. L'extrême gauche, forte de l'appui de la défection qui est lâchement à sa suite , forte de toutes les nuances d'ambition qui subdivisent la Chambre, avait pompeusement , pendant plus de six mois , annoncé sa chûte. Vaine fanfaronnade ! il ne craint pas le jour du combat. Le résultat de quelques nominations partielles , qui sur onze nominations en avaient donné sept au côté droit , tandis que sous le ministère légal il n'en avait eu que trois sur quarante, prouvent suffisamment à la faction que les royalistes ont repris courage , que sous des chefs fidèles et dévoués , ils seront toujours invincibles , et que pour renverser le ministère , il faut frapper de grands coups. C'est à dater de ce jour que pour ne pas paraître se mentir à elle-même et en avoir imposé à la France ,

à qui depuis plus de six mois, elle annonçait sa chute s'il osait se présenter devant
elle, elle médita l'adresse insolente, qui en
la démasquant totalement, inspira à Charles X une réponse digne de Henri IV et
de Louis XIV, réponse qui ne surprit point
ceux qui se rappelaient cette autre réponse
non moins noble: *Je viens recevoir des hommages et non des leçons.*

Les concessions du ministère légal l'avaient
faite oublier à la faction. Ils croyaient en imposer au Roi par un grand coup, et de tous
les coups d'état que devait faire le ministère,
la France n'a vu et connu que celui de l'adresse.

Électeurs, vous connaissez son résultat;
de nouveau vous allez exercer un grand
droit. Pour bien l'exercer, il faut remonter
à la source qui vous l'a donné, et bien vous
pénétrer des droits que vous allez vousmêmes donner à vos mandataires; il faut
examiner quel est l'ordre aujourd'hui établi
en France.

L'ordre établi en France, c'est la Charte,
octroyée par Louis XVIII de glorieuse mémoire.

La Charte n'est autre chose qu'une modification de l'autorité souveraine, qui avant
que le Roi l'eût octroyée, résidait toute dans
son auguste personne; c'est un acte semblable à l'affranchissement des communes,

par Louis-le-Gros , et à l'extension et à la confirmation de leurs droits par Saint Louis. C'est en un mot *un acte de libre exercice de l'autorité royale , un acte de concession et d'octroi.*

Et qu'on ne dise pas ici que c'est une opinion que j'émets ; ce sont les termes mêmes du préambule que je copie.

Cette définition ne plaira pas à tout le monde ; mais ceux à qui elle ne plaira pas renient donc la Charte , et en la reniant ils répudient le bienfait.

Ce n'est pas ici le lieu d'examiner si cet état de choses est bon ou mauvais ; occupons-nous de ce qui est. *C'est la Charte telle qu'elle est* , et non telle que certains libéraux la voudraient, que j'examine et que j'explique.

Ces principes posés , voyons quels sont les droits matériels que la Charte vous donne , et quels sont ceux que vous transmettez vous-mêmes à vos mandataires. Nous examinerons plus tard les devoirs moraux que ces mêmes droits vous imposent.

La Chambre des députés sera composée de députés élus par les colléges électoraux , dont l'organisation sera déterminée par des lois. Art. 35 de la Charte.

Les électeurs qui concourent à la nomination des députés ne peuvent avoir droit de suffrages , s'ils ne paient une contribution directe de 300 francs , et s'ils ont moins de trente ans. Art. 40.

Par conséquent tous les Français âgés de trente ans et payant 3oo francs au moins de contribution directe, ont droit de voter aux élections.

Électeurs, voilà votre droit. Quels sont ceux de vos mandataires :

1°. Discuter et voter librement les lois proposées par le Roi. Art. 18.

2°. Supplier le Roi, quant ils le jugent à propos, de proposer une loi sur quelque matière que ce soit, et d'indiquer ce qu'il lui paraît convenable que la loi contienne. Art. 19.

3°. Présenter au Roi une liste de cinq candidats pour le choix du président. Art. 43.

4°. Tenir les séances publiques. Art. 44.

5°. Amender la loi proposée par le Roi. Art. 46.

6°. Recevoir avant la Chambre des pairs toutes les propositions d'impôt, ne consentir l'impôt foncier que pour un an. Art. 47, 48 et 49.

7°. Être convoqués tous les ans, recevoir des pétitions, accuser les ministres, et les traduire devant la Chambre des pairs. Art. 5o, 53, 55 et 56.

Tels sont vos droits, MM. les électeurs : tels sont ceux de vos mandataires.

Hors de ces droits, tout est usurpation ; tout ce qui tend à les augmenter est une violation à la Charte, reste à exrminer quels sont ceux du Roi.

D'après la doctrine précédemment établie, et résultant des préambules même de la Charte, avant sa concession, l'autorité souveraine résidait toute dans l'auguste personne du Roi, et bien que certains libéraux voulussent qu'il ne s'en fût réservé aucun, je ne crois pas que personne au monde voulût soutenir, qu'en accordant des droits à son peuple, il n'en eût point réservé pour lui. Bien au contraire, le Roi ayant eu le pouvoir de lui déléguer des droits, le principe est que tout pouvoir émane de lui, que tout pouvoir dont il ne s'est point dépouillé lui appartient, et que les corps ou pouvoirs créés par la Charte, n'ont d'autres attributions que celles qu'il lui a plu de leur désemparer ; que par suite, ils doivent scrupuleusement se renfermer dans le cercle de leurs attributions, qui leur a été tracé dans l'acte fondamental ; que vouloir en sortir est une violation à l'ordre établi, un envahissement des droits qu'il tient de ses ancêtres, et que vous lui reconnaissez vous-même du moment que vous adhérez à la Charte. Par cela seul que vous et vos mandataires avez accepté ces droits, vous reconnaissez les principes dont ils émanent ; par cela seul que vous et eux voulez en user, vous reconnaissez que celui-là seul qui vous les a donnés, avait le pouvoir de le faire, et qu'il s'est réservé tous ceux qu'il avait auparavant, et dont il ne s'est pas dépouillé.

Nommer des députés, voilà votre droit ; concourir à la confection des lois, voter les impôts de concert avec les autres pouvoirs, s'opposer à la violation du pacte fondamental, rejeter les lois qui y sont contraires, accuser les ministres qui auront malversé, veiller à la conservation de vos franchises et de vos libertés, telles que la Charte vous les a données, amender les lois proposées, supplier le Roi de présenter telle ou telle loi, voilà le droit de vos mandataires.

Veiller à l'exécution des lois, commander les forces de terre et de mer, déclarer la guerre, faire les traités d'alliance et de commerce, *nommer à tous les emplois d'administration publique, faire les règlemens et ordonnances nécessaires pour l'exécution des lois* ET LA SURETÉ DE L'ÉTAT, proposer la loi, la sanctionner, la promulguer, convoquer les Chambres, les dissoudre, voilà les droits du Roi, droits dont il ne s'est point dépouillé, mais qu'au contraire, il s'est expressément réservés.

Électeurs, en nommant des députés vous avez usé d'un droit légitime, d'un droit acquis, d'un droit que le Roi vous a concédé.

Vos mandataires ont-ils usé des leurs en bons et loyaux députés ? ont-ils été fidèles au serment qu'ils ont prêté d'en user ainsi ? ou bien les ont-ils méconnus ! ont-ils violé le serment de la veille ? ont-ils bien compris le mandat que vous leur aviez confié ? n'en ont-ils pas abusé ? et en en abusant n'ont-ils pas trahi votre confiance et celle du Roi ? Voilà ce qui nous reste à examiner.

En recomposant son conseil , en appelant auprès de lui des hommes purs et sans tache , des sujets fidèles et dévoués , le Roi a usé de son droit.

Les royalistes applaudirent à son choix , les révolutionnaires en frémirent de rage.

Il n'entre point dans mon plan de faire l'éloge du ministère, ou de le critiquer ; d'ailleurs, dans une question de principes , dans la stricte exécution d'un droit , les affections doivent se taire : amis ou ennemis, il faut laisser les personnes , et ne discuter que la légalité de la mesure.

En formant le ministère du 8 août, le Roi a usé non seulement d'un droit dont il ne s'était point dépouillé , mais qu'au contraire, il s'était expressément réservé dans la Charte. Ce ministère , composé de noms propres qui rassuraient les royalistes, fut un objet d'effroi pour les libéraux ; les révolutionnaires comprirent que leur règne était fini ; les ambitieux de toutes les nuances , que leurs prétentions s'évanouissaient , et les hommes du milieu ou de tous les partis, que le pouvoir leur échappait pour toujours. Aussi les vit-on former cette alliance mons_trueuse qui surprit toute l'Europe, et qui, sans la fermeté de Charles X, eût compromis la France et nos institutions.

Sous le masque hypocrite du libéralisme et sous un prétexte trompeur de bien public, ils réunirent tous leurs efforts pour le ren_verser. Pour réaliser leur projet, ont-ils usé des droits que la Charte leur donne? Quels étaient les torts des ministres?

Leurs torts réels étaient de déplaire aux révolutionnaires, parce que leurs principes étaient trop diamétralement opposés, à la défection, parce que honteuse de les avoir abandonnés, elle signait sa propre condamnation en leur prêtant son appui ; aux hommes du milieu, parce que fermes et unis d'intention, ils fermaient pour toujours la carrière des emplois à leur insatiable ambition. D'autres trompés et égarés se joignirent à eux, et tous ensemble, ils jurèrent sa perte.

Il est inutile de vous rappeler tous les mensonges atroces, et plus absurdes les uns que les autres, qu'ils inventèrent ; ils auraient été trop heureux d'avoir avancé une seule vérité, parce qu'alors usant des droits que la Charte leur donne, il auraient pu légalement le renverser, et prouver ainsi à la France, qu'effectivement le bien public était leur seul et unique guide.

S'ils avaient pu eux-mêmes croire à une seule des mille et mille inventions qu'ils propageaient partout, pour mieux se populariser, pour mieux vous tromper, ils n'auraient pas eu recours à des moyens violens et illégaux. Convaincus des bonnes intentions du Roi, ils étaient sûrs que s'ils pouvaient lui prouver que ses ministres prévariquaient, il leur retirerait sa confiance.

Si, comme ils ont cherché à vous le faire accroire, l'intérêt du bien public avait été leur seul guide, si la crainte seule de voir vos libertés compromises leur avait inspiré une si grande méfiance contre les hommes du 8 août, ils auraient attendu ses actes, et sentinelles vigilantes, ils les auraient scrupuleusement examinés ; ils auraient mûrement médité les projets de lois qu'ils auraient présenté. De ce redoublement d'attention, il en serait résulté un grand bien pour la France ; le ministère qui les aurait redouté, aurait de son côté redoublé de soins et de zèle pour ne demander que ce qui eut été juste, et l'on aurait vu, peut-être pour la première fois, que deux pouvoirs, à force de se craindre et de se surveiller, auraient enfanté de bonnes lois ; le Roi aurait applaudi à la conduite de vos mandataires, ils auraient ainsi forcé le ministère à faire le bien ou à se retirer.

Ah ! si justifiant les craintes qu'il parais-

sait leur inspirer , ce ministère avait proposé
des lois contraires à vos droits et à vos libertés , quelle n'eut pas été leur joie, je
vous le demande! quel triomphe n'auraient-
ils pas remporté! de quelle gloire ne se se-
raient-ils pas couverts! et quelle chute mé-
morable n'aurait pas appris aux ministres
futurs que l'on ne se joue pas impunément
des droits de tout un peuple!

. Telle n'a pas été, telle ne pouvait être
leur conduite. Le cri de leur conscience leur
criait : Non, le ministère ne peut mal faire ,
composé d'hommes dévoués au Roi , et dont
l'unique ambition est de le rendre plus cher
à son peuple , il n'osera pas, ne fût-ce que
par amour pour lui , attaquer nos libertés,
jaloux de son autorité, désireux de faire bénir
sa mémoire , de le faire respecter au dedans,
de le faire craindre au dehors , il ne propo-
sera que des lois justes, fortes et dignes de la
France. Qu'allons nous devenir, se dirent-
ils, si ce ministère que nous avons dépeint
comme ennemi de nos institutions , cherche
au contraire à les consolider ; que dirons-
nous à nos commettans , si au lieu des coups
d'état que nous lui annonçons depuis plus
de six mois , nous ne leur rapportons que
des lois sages et justes , ouvrage de ce même
ministère ! que nous diront-ils eux mêmes ,
Ne nous semble-t-il pas déja les entendre s'é-
crier : retirez-vous , vous nous avez trompé ;

2

n'écoutant que la voix des passions qui vous dominent, esclaves d'une ambition effrénée qui vous dévore, vous avez méconnu vos droits, vous avez trahi le mandat que nous vous avions confié ; retirez-vous, nous ne voulons plus de vous.

Ne trouvant plus de moyen pour sortir du précipice dans lequel ils s'enfonçaient toujours de plus en plus, les téméraires du parti proposèrent un moyen violent. Leurs divers auxiliaires mus par des motifs différens, les uns par un faux amour-propre, les autres par ambition, plusieurs par crainte de ces mêmes hommes, qu'ils détestaient en secret, mais qu'ils redoutaient encore plus, se joignirent à eux ; et cette majorité éphémère, fut encore une fois d'accord pour faire le mal.

Nous ne pouvons, se dirent-ils tous ensemble, renverser le ministère légalement, nous ne croyons pas nous mêmes à une seule des absurdités que nous proclamons et que nous répandons dans toutes la France : fort de son droit, il se présentera devant nous, il ne portera point atteinte à nos droits, nos dupes seront détrompées ; que leur dirons-nous, que pourrons-nous dire à nos mandataires ? Nous serons démasqués, et devenus un objet de mépris pour eux, et de honte pour nous-mêmes, nous serons condamnés à dévorer éternellement notre affront.

Aux grands maux les grands remèdes : imitons ce médecin téméraire , qui désespérant du sort de son malade , lui administre un remède violent, au risque de le tuer ; d'ailleurs n'avons-nous pas pour nous l'expérience? naguères un Roi juste n'a-t-il pas cédé ? Héritier de ses vertus et de sa bonté , Charles X cédera sans doute , et cette seule concession sera le prélude de toutes celles que nous désirons et que nous ambitionnons depuis plus de quinze ans.

Les modérés pâlirent, la défectiou trembla, mais il n'était plus temps ; telle est la fatalité de ceux qui dévient du chemin de l'honneur pour se jeter dans la tristre et périlléuse carrière des révolutions ; la révolution avait parlé , la révolution fut écoutée.

A quoi bon , se dirent-ils tous , attendre les actes du ministère? *mieux vaut le juger sans l'entendre*. Comprenez-vous, électeurs ! MIEUX VAUT LE JUGER SANS L'ENTENDRE : votons une adresse insolente , demandons le renvoi des ministres , et tout cela, non parce que les lois seront mauvaises , parce que le budjet sera mal conçu , non parce qu'ils veulent nous ravir nos libertés , mais parce qu'ils ne peuvent ni ne doivent avoir notre confiance.

L'enfer avait parlé , l'enfer prévalut. Ils ont jugé sans entendre.

En convoquant les Chambres , Charles X usa de son droit. Dans un discours plein de

sagesse et de fermeté, il annonça ses magna-
nimes et héroïques intentions, il renouvela
noblement l'assurance de conserver nos institutions, et leur demanda leur concours,
pour opérer tout le bien qu'il meditait.

La Chambre des pairs répondit respec-
tueusement à son appel : vos mandataires en
ont-ils fait de même ? Non.

Ils l'ont formellement refusé, ce concours.
Usurpant un droit qu'ils n'ont pas, ils ont
voulu imposer des ministres, oubliant tout
à la fois et leurs mandans et leurs mandats,
et les leçons de l'expérience, ils ont auda-
cieusement déclaré qu'ils ne l'accorderaient
pas. Ils étaient venus pour recevoir des lois
et les discuter, ils ont voulu en dicter ; de
sujets qu'ils étaient, ils ont voulu devenir
les maîtres, et ils n'ont pas craint de violer,
à la face du ciel et de l'Europe entière, le
serment qu'ils venaient de prêter la veille,
de remplir leurs mandats en bons et loyaux
députés, ils n'ont pas craint d'abreuver d'a-
mertume la vieillesse du meilleur des Rois,
ils ont pensé, qu'oubliant le passé, il céde-
rait comme son vertueux et malheureux frère:
ils n'ont pas craint de rouvrir les blessures
encore saignantes de l'héroïne du Temple,
de la fille du Roi martyr. Sans la noble fermeté de Charles X, c'en était fait de vos
droits : ils auraient tout compromis, et ils
auraient encore précipité la France dans la
carrière sanglante des révolutions.

Ce serait vous manquer que de vous rappeler la noble réponse du Roi à cette adresse insolente, elle est, j'en suis sûr, bien gravée dans votre mémoire. Toujours en vertu de son droit, Charles X a dissous la Chambre, il en convoque une nouvelle. De nouveau il vous appelle pour que vous usiez du vôtre; mais en en usant, pénétrez-vous bien des devoirs moraux que ce droit vous impose.

Si les Rois sont souvent exposés à être trompés, le peuple l'est plus souvent encore. Des hommes artificieux et trompeurs l'environnent : les bons se retirent, parce qu'ils ne sont ni empressés ni flatteurs ; les bons attendent qu'on les cherche, et le peuple ne sait guère les aller chercher ; au contraire, les méchans sont hardis, empressés à s'insinuer et à plaire, adroits à dissimuler, prêts à tout faire contre l'honneur et la conscience, pour contenter leurs passions et satisfaire leur insatiable ambition : rien ne leur coûte, mensonge, flatterie profession de foi politique, dont on change au besoin. Le choix d'un bon mandataire est plus difficile que vous ne pensez, et si vous êtes jaloux de conserver le droit que la Charte vous donne, il faut choisir des mandataires qui soient eux-mêmes jaloux de conserver les leurs, qui regardent la Charte, comme l'arche sainte à laquelle il n'est pas permis de toucher, et le bien public comme leur unique but ;

mais pour être convaincus qu'ils sont jaloux de conserver les leurs et les vôtres , et qu'ils ne veulent point toucher à l'acte fondamental, il ne faut pas être dupe d'une vaine profession de foi , ouvrage de la circonstance; il ne faut pas surtout oublier ces paroles mémorables proférées par un de vos mandataires les plus marquans :

« Le jour où le gouvernement n'existera « que par la majorité de la Chambre , le jour « où il sera établi en fait que la Chambre « peut repousser les ministres du Roi , ce « jour-là ; c'en est fait non-seulement de la « Charte , mais de notre royauté , de cette « royautè indépendante qui a protégé nos « pères , et de laquelle la France a reçu tout « ce qu'elle a jamais eu *de liberté et de* « BONHEUR ; ce jour-là nous serons en répu- « blique (1). »

Il faut examiner la vie publique et privée de celui à qui vous voulez accorder votre confiance ; je parle ici aux électeurs bien pénétrés de leurs droits , bien jaloux de les conserver : heureusement ils sont le plus grand nombre ; je ne parle pas à ceux qui , à l'exemple *des votans de l'adresse , veulent juger sans entendre ;* je m'adresse aussi à vous , électeurs de bonne foi , qui ne suivez que par une espèce de fatalité les intérêts de

____

(1) Discours de M. Royer.Collard , 12 février 1816.

la révolution , qui avez aveuglément accordé votre confiance à des hommes qui vous ont égaré, et qui vous poussent à des fautes qu'ils exploitent à leur profit; et qui, croyez en vous livrant à eux , arriver à un but que vous ne pourrez, jamais atteindre. Examinez s'il est religieux , rappelez-vous *que la religion est le vrai fondement des empires , et que les grandes catastrophes dans l'ordre polltique accompagnent toujours les grandes altérations dans l'ordre religieux* (1); examinez attentivement quels sont les plus dignes de votre confiance, ou de ceux qui ont défendu vos droits, ou de ceux qui les ont compromis ; examinez si ceux qui ont voulu empiéter sur ceux du souverain , ne voudraient pas un jour empiéter sur les vôtres. Vous ne perdrez pas de vue que le jour où le Roi fut dépouillé des siens, la France entière fut opprimée. Je n'évoquerai pas, à l'appui de ce que j'avance, de tristes et douloureux souvenirs; mais sans récriminer sur le passé, il est de votre devoir de ne pas l'oublier pour vous diriger dans votre avenir ; vous péserez mûrement dans votre sagesse, si la reconnaissance ne vous impose pas l'obligation de donner de nouveau votre confiance à ceux qui, dans la circonstance présente, ont sacrifié une vaine popularité à leur mandat, à leurs devoirs et à leur

_____

(1) Châteaubriand , chap. 86 , pag. 247 , de la Monarchie selon la Charte.

serment ; et si dans le nombre de vos mandataires , vous en comptez dans votre départe-
ment , qui n'aient pas rougi de voter avec les
représentans des cent-jours , avec les rédac-
teurs de l'acte additionnel , avec les coryphées
de la révolution , et les séides de l'empire ,
vous examinerez si vous ne devez pas la leur
retirer.

Vous ne perdrez pas de vue surtout, que
ceux qui ont servi la révolution , ne peuvent
pas servir la royauté ; que ceux qui ont ido-
lâtré le despotisme , ne peuvent être des partisans zélés de vos libertés ; que ceux qui ont
une seconde fois voté l'exil des Bourbons ,
ne peuvent leur être dévoués.

Électeurs , les circonstances sont graves ,
et jamais elles ne réclamèrent davantage l'appui des bons citoyens. Abandonner aujour-
d'hui votre poste , ne serait pas seulement
une négligence , mais un acte de félonie.
Une faction désorganisatrice vous menace, de
nouveau elle va tenter de renvoyer les votans
de l'adresse : en les entendant nommer n'é-
prouverez-vous pas une sainte indignation ?
Que diriez-vous d'un juge qui vous jugerait
sans vous entendre ? que ne diraient pas vos
prétendus partisans de liberté , qui ne cherchent réellement qu'à vous forger des chaînes,
ils ne trouveraient point d'expressions assez
fortes pour le vouer au mépris ; et cependant
qu'ont fait les 221 ? ILS ONT JUGÉ SANS EN-
TENDRE.

Cette faction vient d'attaquer l'autorité royale dans ses attributions les moins contestables. Tous les ambitieux avides d'honneurs et de richesses , qui s'imaginent les obtenir si les 221 l'emportent, se rendront en foule aux élections : insensés qui ne connaissent pas que leurs tribuns ne les flattent que pour mieux les tromper ! ils courent à leur perte ; enfants rebelles et ingrats , ils tournent contre eux-mêmes et contre le Roi le droit que la Charte leur a donné ; ils travaillent eux-mêmes à sa destruction , ils deviennent les artisans des chaînes qu'on leur prépare.

Électeurs de toutes les opinions , de toutes les classes , réfléchissez ! En reconnaissance d'un droit que le Roi vous a donné , voudrez-vous lui ravir les siens ! sur de simples allégations des échos de la faction qui vous crient qu'on veut vous ravir les vôtres , attaquerez - vous en téméraire ceux de la royauté ? n'avez-vous pas la preuve qu'ils vous trompent ? les mille et mille mensonges qu'ils vous ont débités depuis plus de dix mois ne vous ont-ils pas encore éclairé ! Ne préférerez-vous pas vous en rapporter à la parole royale et au serment de Rheims ? pouvez-vous croire un instant que le Roi cède ? les leçons du passé seront-elles perdues pour lui ? et que pouvez-vous gagner à cette lutte à Réfléchissez à ses conséquences.

Accorderez-vous encore votre confiance ?

ceux qui l'ont trahie? voudrez-vous devenir complices de leur félonie; je ne le pense pas, mais il ne suffit pas seulement de ne pas le vouloir, il faut encore combattre pour l'empêcher. Que diriez-vous d'un soldat qui ne voudrait pas du triomphe de l'ennemi, et qui le jour du combat abandonnerait lâchement son poste. Comme vos adversaires, volez aux élections, où l'honneur et votre intérêt vous appellent; à leur arrogance et à la fougue de leurs passions, opposez le calme de la raison et la justice de votre cause. Comme sous le ministère légal, on ne vous livrera pas aux sarcasmes de la multitude; une autorité protectrice et bienveillante veillera sur vous, et *plus juste que la leur, elle veillera* POUR TOUS. Électeurs royalistes, rappelez-vous que vous avez salué de vos acclamations le ministère du 8 août; quoique depuis il ait reçu quelques modifications dans son personnel, les principes qui l'ont formé le guident encore, la conservation de nos droits et de ceux de la royauté légitime. Rappelez-vous les triomphes partiels que naguère vous avez remporté sous son égide; sept élections, sur onze; quelle différence! trois sur quarante : elles n'étaient que le prélude d'un triomphe plus grand. Mais pour le remporter, ce triomphe, il faut combattre; il faut vous rendre aux élections, et surtout que la division ne se mette pas dans vos rangs. Pour remplacer les votans de l'adresse, choisissez des hommes probes et vertueux : que les talens oratoires ne soient pas les seuls qui les rendent dignes de vos suffrages ! que les vertus publiques et privées soient les droits les plus précieux à votre confiance ! Vous avez des magistrats recommandables et instruits, des fonctionnaires publics estimables et vertueux, des négocians probes et entourés de l'estime publique ; choisissez ceux d'entre eux qui vous paraissent les plus dignes ; mais une fois votre choix arrêté, ne vous divisez pas ; à l'exemple de vos adversaires. Faites taire toutes les affections personnelles , tous les liens d'amitié et de parenté, tout sentiment d'amour-propre et d'ambition particulière ; n'écoutez que la voix du bien public , soyez sourd à celle des intérêts privés , et réunissez tous vos suffrages sur la personne de celui qui en a déjà réuni un plus grand nombre. Unis , vous serez vainqueurs ; désunis, vous serez vaincus. Électeurs , résumons-nous.

Vous allez exercer un grand droit ; ce droit, vous le tenez de la couronne : la reconnaissance vous impose l'obligation de lui envoyer des hommes fidèles et dévoués. Le Roi a usé du sien , en congédiant une Chambre qui voulait lui dicter des lois , et qui voulait porter atteinte à ses droits les plus sacrés.

Ceux qui ont voulu empiéter sur les droits du Roi, ne tarderaient pas à empiéter sur les vôtres ; l'expérience vous l'a prouvé. Devez-vous de nouveau aujourd'hui honorer de votre confiance ceux qui l'ont trahie ? Non ! Ceux de vos maudataires qui se sont opposés à eux, qui ont su respecter les droits de la couronne et les vôtres, méritent-ils de nouveau vos suffrages ? Oui ! Point de 221, *tous les* 181 doit être votre cri de ralliement ; entre ceux-ci et ceux-là, votre choix ne peut être douteux ; pour remplacer les 221, choisissez des hommes qui aient applaudi à votre minorité ; la victoire dépend de l'union, soyez unis. *Vive le Roi !!!!!*

BARRAS.

www.ingramcontent.com/pod-product-compliance
Lightning Source LLC
Chambersburg PA
CBHW071413030726
47594CB00006B/2438